토악질

토악질

초판 1쇄 발행 2025. 8. 4.

지은이 김꼬리
펴낸이 김병호
펴낸곳 주식회사 바른북스

편집진행 김재영
디자인 김민지

등록 2019년 4월 3일 제2019-000040호
주소 서울시 성동구 연무장5길 9-16, 301호 (성수동2가, 블루스톤타워)
대표전화 070-7857-9719 | **경영지원** 02-3409-9719 | **팩스** 070-7610-9820

•바른북스는 여러분의 다양한 아이디어와 원고 투고를 설레는 마음으로 기다리고 있습니다.

이메일 barunbooks21@naver.com | **원고투고** barunbooks21@naver.com
홈페이지 www.barunbooks.com | **공식 블로그** blog.naver.com/barunbooks7
공식 포스트 post.naver.com/barunbooks7 | **페이스북** facebook.com/barunbooks7

ⓒ 김꼬리, 2025
ISBN 979-11-7263-522-0 03810

•파본이나 잘못된 책은 구입하신 곳에서 교환해드립니다.
•이 책은 저작권법에 따라 보호를 받는 저작물이므로 무단전재 및 복제를 금지하며,
이 책 내용의 전부 또는 일부를 이용하려면 반드시 저작권자와 도서출판 바른북스의 서면동의를
받아야 합니다.

낮이밤적 글모음 – 1

토악질

김꼬리
지음

무거운 마음이 무거워서 가라앉는 거라면
내가 정말 마음 쏟은 것들은 저 위에 있는지

바른북스

추천사

 읽는 내내, 나는 조용히 무너졌다. 감정을 적나라하게 해체해 보여주는 이 책은, 단단히 눌러두었던 말들, 감히 누군가에게 보일 수 없었던 마음들을 대신 토해내 준다.
 사랑이 끝난 자리에 남겨진 감정, 말라가는 우울, 불완전한 나 자신에 대한 성찰이 날것 그대로 펼쳐진다.

 『토악질』은 상처를 미화하지 않고, 고통을 감추지 않는다. 대신 기꺼이 어두운 구석을 비추며 이렇게 말한다. "괜찮아. 당신도 살아냈잖아."

 누군가의 시선에 맞춰 살아오느라, 스스로의 감정을 말려 죽였던 이들에게 다정한 생존의 기록이 될 것이다. 위로가 아니라, '말할 용기'를 건네는 문장들. 그 용기를 조용히 받아 쥐기를 바란다.

- 『감정의 자국들』 작가 한하리

작가의 말

특별한 이유 없이 우울할 때마다 어쩔 줄 몰라 힘들었어요.

내 감정을 어떻게 다뤄야 하는지, 배운 적이 없어 막막했어요.

가슴속에 답답하게 가득 찬 것들을 글로 풀어내니 조금 낫더라고요.

부끄럽지만 풀어낸 글들이 여러분에게 위로가 된다면 좋겠습니다.

이 글들이 나올 때까지 응원해 주신 분들과 시집을 낼 용기를 주신 한하리 작가님께 감사합니다.

목차

추천사
작가의 말

내 모든 것이 너

12	세계		32	제주감귤
13	유리병		33	사지
14	솜씨		34	천치
15	봄날		35	피다
16	담벼락		36	아무도 없는
17	그리다		37	기만
18	헤엄		38	불시착
19	글귀		39	사건의 지평선
20	사랑		40	그릇
21	찬미양가		41	밤편지
22	부드럽게		42	여백
23	근사값			
24	담다			
25	스미다			
26	유실물			
27	기도 I			
28	기도 II			
29	스펙			
30	별			
31	날개			

네가 지나간 자리

46	마음에 들다	66	시선
47	꺼내다	67	편지
48	부서지다	68	깊어지다
49	책갈피	69	지금껏
50	비우다	70	끄트머리
51	흉	71	공백
52	추억		
53	눈이 내린다		
54	나를 위해		
55	부수다		
56	한없이		
57	지옥		
58	대가		
59	죄와 벌		
60	파괴		
61	독		
62	안 타는 쓰레기		
63	담배꽁초		
64	찌꺼기		
65	타임캡슐		

그늘 아래에서

- 74 토악질
- 75 연말
- 76 늪
- 77 불안감
- 78 깊어진다
- 79 허전함
- 80 기다리는
- 81 의도치 않은
- 82 성찰
- 83 돌아보면
- 84 갇히다
- 85 어디에도
- 86 너의 빈 공간
- 87 재래시장
- 88 물감
- 89 벽
- 90 표류
- 91 도태된 이들의 사랑
- 92 옥탑팔자
- 93 무례함
- 94 pH7
- 95 이기적
- 96 기록
- 97 장사치

그늘 속에서 피어난 것들

- 100 빗소리
- 101 강아지풀
- 102 서른 살
- 103 용서
- 104 낙서
- 105 노력
- 106 매일
- 107 범법
- 108 별 바라
- 109 1×1
- 110 용도불명
- 111 버려진 모든 것
- 112 유리상자
- 113 원죄
- 114 가로등
- 115 슈뢰딩거의 고양이
- 116 지나간다
- 117 알면서 모르는 척
- 118 산책
- 119 자서전
- 120 그늘
- 121 깊어짐
- 122 가난
- 123 동화
- 124 경사(經死)
- 125 이타
- 126 종결
- 127 서투름
- 128 쓰다
- 129 온실
- 130 상례
- 131 시골
- 132 불용판정폐품
- 133 흐드러진 봄
- 134 항해
- 135 숲속 나무들에게
- 136 역설; $T^{-1} \neq F$

내 모든 것이 너

세계

당신의 하늘, 당신의 바다
당신의 달, 당신의 태양
당신의 우주, 당신의 세계
그 모두가 저였으면 해요
마음껏 소리 지르고, 할퀴고, 때려도
아무렇지 않을 테니
당신은 두려워 말고 용감히 다가와 줘요

유리병

네 호흡 한 마디를 주워
예쁜 유리병에 담아줘

걷잡을 수 없이 외로움이 커지면
네 호흡 한 마디가 절실해지니까

솜씨

별을 엮어 시를 짜려니
모자란 글솜씨에
별빛이 가린다

그대를 보고 사랑을 쓰려니
모자란 사랑 솜씨에
그대가 그립다

봄날

마른 햇살 쏟아지는 봄날에
꽃 피었다더라 하찮은 이유로
하찮지만은 않은 시간을 만드는 일
무척 화사하게 피어오른 꽃들 사이로
화사하게 피어오르는 모습을 보며
잠시 한철 입고 말 옷도
평소답지 않게 사버리고
봄날에 마냥 매서운 사람도 있다던가요?

담벼락

네게 둘러져 있던 담벼락은
견고한 성벽도 아니었고
지푸라기 덤불도 아니었다
높지도 낮지도 않은 담벼락

그 담벼락 아래 앉아

네가 우는 소리를 듣다가
나는 고개를 무릎에 파묻고 울었고

네가 신나 까르르 웃는 소리에는
그 미소 한번 보고자 방방 뛰었다

네가 허락했던 그 담벼락 아래에
내 발자국이 남아 있길 바랄 따름이다

그리다

당신을 그리는 것은 무척 고된 일입니다

단정한 눈매를 떠올리고
눈가에 맺힌 사랑스러움을 그립니다
함함하게 솟은 콧대와 새초롬한 콧방울을 그립니다

당신의 입술을 생각할 때에는
심장이 소란스럽습니다
떨리는 가슴 위에 손바닥을 올려놓고
저를 쥐어 흔드는 입술을 그립니다

이렇게 이루어 나타내고 나면
저는 지쳐 잠들곤 합니다
잠들어 전하지 못한 말들은
다시, 미루어 두고

헤엄

사랑에 빠진다고 하지 말아 주세요
사랑에 빠져서 허우적대기도 하며
사랑에 미쳐 내 전부를 주기도 하고
사랑에 잠겨 가라앉아 보기도 했어요
부디, 사랑에 빠진다 하지 말아 주세요
제게 사랑은요 이따금, 보다 자주
노을 진 해변가를 걸으며 잔잔한 파도에
발밑이 살짝 젖을 정도면 충분해요
가끔 그대가 그립고 그리울 때면
바다로 걸어가 나를 띄울게요
그대는 꾸준히 나를 해변으로 보내어 주세요
나 또다시 그대에게 잠길 수 있게

글귀

당신 생각을 적은, 일기 한구석의 글귀에는
많은 감정이 들어 있어요

한 마디 내지는 두 마디 안에 담겨 있는 당신
너무 아름답고 예뻐서 나는
당신에게 무심코 사랑한다 말해요

뱉은 말에 얼굴이 홧하고 달아올라
누가 볼세라 얼른 주워 삼켜요

뱉은 말이 구른 흔적에는
또 당신 생각의 글귀가 묻어 있네요

사랑

사랑해야지, 가슴 닳도록 사랑해야지
애달파 마지못해 잊을 만큼 사랑해야지
잊어도 잊지 못할 애절한 사랑을
네게 쏟아주어야지
보이지도 느껴지지도 않는 마음을
고작 몇 마디 말로 네게 증명하려니
가슴이 벅차 숨결 한 번 뱉지 못해도
백 번이고 천 번이고
네게 사랑한다 말해주어야지

찬미양가

세상이라는 무대에서 태양을 조명 삼아
아름다움을 연기하는 배우 같으오
이기적인 미색으로 남을 배려할 기색 하나 없는
그 아름다움에 누가 취하지 않을 수 있겠습니까
홀로 아름다움이라는 단어를 취하고 앉아
세상의 모든 미적 존재들의 존재이유에 화두를 던지오
어깨에 얹힌 머리칼마저 당연한 듯 아름답소
보잘것없는 천 쪼가리여도
마땅히 그곳에 있어야만 할 것 같소
부나방이 왜 그러는지 이제야 알 듯하오

부드럽게

어린 시절 과학실에 있던
흰빛 도자기 그릇과 한 손 크기 막대
거친 덩어리를 곱게 갈아주던
이름이 기억나지 않아 찾아보니
막자, 막자사발

그래, 이걸로 당신께 건넬 말을
더 부드럽게 갈아서
고운 말만 건네드릴래요

부스러져 부드럽게 당신에게 가닿기를
혹은 당신도 모르게 스며들기를 바라며

근사값

네가 너무 근사해 보여서
네게 근사하려는 일
너의 점 아래 백만 번째쯤
내가 있을까
끝없이 나의 생각은
네게 수렴하려 한다

담다

사랑을 부어도
밑 빠진 독처럼 흘러내린다면,
나의 그릇에 사랑을 가득 담아
그대를 담을게요
밑 빠진 독에도
사랑이 가득 차오르도록

스미다

아, 마른 것들은 어찌 이렇게 잘 젖어 오나요?
나 그대에게 닿으면
그대가 내 맘에 스며듭니다
그대의 말 한마디, 미소가 스며들 때면
나는 달아올라요
그대 내게 더 스며들어요
촉촉이 젖어 녹아내릴 때까지

유실물

낮은 곳에서, 더 낮게
바닥에 뺨을 문대고 한쪽 눈을 감고 넓게 보는 일
세상을 가리는 구조물 사이에서 찾는 일
어둠에서 바들거리는 네 모습을 상상하며 가여워하는 일
네가 품은 어둠을 걷어내려고 노력하는 일
네가 부디 나를 원망하지 않기를 바라는 일

기도 I

스테인드글라스 사이로 비추는 성광
그 엄숙하고 간절한 기도
너를 대하는 나의 자세
네가 나의 종교였어

기도 II

매일 밤 누구든 들어주길 바라며
누구에게도 말하지 않았던 말들
마음이 가닿지 못해
마음으로만 바랐던
간절히 살고 싶어 수없이 나를 죽였던
그 밤의 기도

스펙

내 뒤의 어떤 것들을 보는 시선들이
신경 쓰여 차곡차곡 쌓아 올렸다
정작 네가 날 똑바로 나만을 볼 때
나는 보여줄 게 없어서 슬펐다

별

내가 별을 사랑한다 하는 것은,
별의 뒷면에 있는 어둠마저 사랑하는 거야
어둠 없이 빛나는 별은 돋보이지 않으니까
내게 넌 그래, 네 어둠도 사랑한다는 것

날개

누군가 내게 날개를 달아줬으면 해
저 하늘 바람에 몸을 싣고 어디로든 가고 싶어
욕망과 욕구가 끈적히 뒤섞인 여긴 너무 뻔해

누군가 내게 날개를 줬음 해
자기가 가진 날개 한쪽을 떼어준다면
날진 못해도 나는 기분일 거야

네 날개를 마저 떼어주겠니
네가 나를 사랑한다면

제주감귤

과육의 사이를 가르는 혀끝이 시립니다
과즙을 입안에 머금고 뭉개놓아요
사실, 과일을 먹는다는 건
그 껍질을 벗기는 행위부터 성립합니다
손끝을 세우고 피륙을 훑어내고
그 안의 과실을 드러내고
욕망을 투영하고 적확하게 행위합니다
신맛이 침샘을 자극하고
단맛이 신경을 타고 흐릅니다
선악과를 탐한 이유를 알 것 같기도 합니다

사지

찬란한 태양이여!
찬란함에 눈멀어 가닿고자 했던 이카로스여!
나는 법마저 잊어버린 내게
다시 한번 날개를 달아 주시오

감히 나는 바라오
찬란함에 불타 죽는 한이 있어도
그것이 나의 유일한 영광임을 믿소

나 여기 당신께 한없이 부르짖소
날개마저 없는 하찮은 존재임을
그럼에도 나는 해바라기요
말라 죽는 한이 있더라도
그대 영원히 찬란하기를

천치

언젠가 내게 바다 본 적 있냐 물어 주세요
기꺼이 생소하다 답하겠습니다
생전 본 적 없다 답하겠습니다

무척 맛있는 게 있었다 함께 먹자 해주세요
세 끼 모두 그것을 먹었다 한들
먹어 본 적 한 번 없습니다

피다

당신은 길가의 들꽃처럼
늘 그렇게 피어 있었을 것입니다만,
야속하게도 이제야 제게 피어오르시다니요

아무도 없는

아무도 없는 숲속에서 나무가 쓰러졌다
'쿵' 소리가 났겠는가? 안 났겠는가?
나이를 먹으며 신비가 사라지고
세상은 색채를 잃어갔다
흑백 테레비 무성영화의 세상에서
요란하고 적막한 위기
진창에서 피어오른 연꽃처럼
흑백 세상의 총천연색의 인물을
사랑하지 않는 방법 따윌 알겠는가
비논리적 불가해한 재해적 존재
'쿵' 소리가 났겠는가? 안 났겠는가?

기만

당신께는 순한 양이 되겠어요
나는 그대에게 오롯이 나를 바치고
그대는 오롯이 빛나시길, 나는 바라요
나는 그대만 있다면 완전할 수 있어요
내 헌신이 당연한 것이라 여기시길 바라요

불시착

예정되어 있던 것이 아니다
하지만 필연적이었던 게다
어느 날
어느 순간
갑자기
불현듯

상처 입히고 싶지 않아서
잔뜩 겁먹어 사뿐히 앉으려 했으나
짙게 내려앉았다

사건의 지평선

강력한 이끌림에 끌려
점점, 점점
끝없이 내린다

어느 순간
찢겨 내린다 해도

몸을 내던지고
공간이 무너져 내리고
시간이 왜곡되고
마음이 뭉개져 버린다 해도

항거할 수 없는
종말의 약속

그릇

그 그릇에 나를 담으려면
그저 나를 부수면 되는 일이었을 것이다
나를 잘게 부숴, 나라는 형태를 뭉개어
그릇에 담으면 되는 일이었을 것이다
잘게 쪼개진 내가 그릇에 담기면
나는 그릇과 꽤 닮아있었다

밤편지

밤을 노래하는 시가 많으오
그중에 하나 골라 읊으려니
무척 아쉽소

어떤 시는 당신만큼 정갈하지 못하오
어떤 시는 당신만큼 아름답지 못하오
그리하여 내가 쓰려 했건마는
당신께 드리기엔 퍽 부족하오

그래도 쓴다면 진부하지만
밤하늘의 별만큼 사랑하오
유성우가 쏟아진다면
내 버티지 못하고
당신께 쏟아버리는 게 아닐까 하오

여백

당신을 보고파 부치는 편지는
검은 흑연 가루 자국보다는 허연 백지장이오
내 마음을 필사하는 때보다
획 사이, 자 사이에 스며있소
의미 없는 글을 쓰노만
마음은 닿길 바라는 욕심이오
글이나 문단은 끊겨있소만
여백만큼은 쉼 없이 이어짐을
그대 또한 그렇기를 바라오

네가 지나간 자리

마음에 들다

그 높은 성채에 들기 위해
내 모든 것을 부딪쳤고
오체가 분시 되어 찢겨 가도
그것이 옳은 줄 알았다
너는 이리 내 성소를 범했음에도
네 성채 속 그 무엇도 보이질 않았었구나

꺼내다

정작, 내어 보여주고 싶은 것들은
꺼낼 수 없는 것들이라
네가 내게 그토록 모질게 굴었나 봐

부서지다

이미 망가진 것을 부수는데
왜 멀쩡한 마음도 같이 부서지나

망가질 대로 망가진 것을
부서지는 대로 부숴버렸건만
바스러져 내리는 것은 왜 마음이어야 했나

책갈피

내 책에 접힌 자국 남는 게 싫어
예쁜 책갈피를 같이 주었다

책 한구석 펴내도 남아 있던
그 작은 자국이
얼마나 거슬리던지

너는 그래도 내 책 끝을 접어 놓았다
내 삶의 책 끝 접힌 자국 같은 사람아

비우다

저는 당신 생각보다 매력적인 사람이 아닙니다

흔히 말하는 진국도 되지 못한 사람입니다
비유하자면 잔뜩 졸아 못 먹게 된 라면 정도
건강하지도, 맛있지도 못해요
미안해요, 고작 이 정도뿐인 사람이라

당신께 남지 않게끔
나를 비우겠습니다
가볍게 떠나가세요

흉

기억의 자락을 붙잡고 얼마나 헤매었는지
문득 떠올린 옛 연인의 암영에는
참, 그다지도 열정적으로 사랑했구나
그만큼 뜨겁게 부딪혔으니
그만큼 다쳤던 거였구나
그대에게 흉 진 상처일까 봐
이 기억조차 지우려 했건마는
데인 상처는 쉽게 흉지는 법이라
가리고 덮어야 뵈지 않는다

추억

당신에게 나는 꽤 많은 것을 빼앗겼나 보다
처음 가보는 예쁜 카페
처음 먹어보는 근사한 식사
처음 느껴본 타오르는 감정들
그 순간들은 이제는 경험이 됐다

이제는 예쁜 카페들도 많이 알게 됐고
이제는 스테이크도 꽤 잘 썰어낼 줄 알고
격한 감정을 숨기고 적당히 표현할 수 있다
다만 서투름이 그리울 때가 있다

그러니까, 밤하늘 별을 보면서도 그리워하고
어젯밤 별이 참 예쁘더라 하고 서툴게 고백도 해보고
봄볕에 설레어 전화를 걸어보기도 하고

사랑이라는 말에 거침없던 그때에
추억이라는 꼬리표를 달고
다시 기억의 다락방에 구겨 넣어둔다

눈이 내린다

우리 같이 걷던 골목길
여전한 향기의 고서점들
우리 같이 갔던 카페
여전히 잔잔히 흐르는 노래
우리 만났던 그 어정쩡한 길 가운데
여전하지 않게 없는 너
그 모든 곳에 눈이 내려
새하얗게 지워지길 간절히 소망해

나를 위해

그 모든 것들이 그저 나를 위한 것이었다
나는 너를 사랑하는 내 모습을 사랑했고
네게 헌신적인 내 자세가 자랑스러웠고
너를 바라보는 내 시선이 예뻤다
그 모든 것이 나를 위해서다
그러니 너는 미안해하지도 말고
그러니 너는 나를 잊어라

부수다

토해내고 싶지만 토해내지 못해
가슴 중앙에 턱 막혀 목 언저리를 답답하게 하는
갈 곳 잃은 사랑은 언제나 거기서 멈춰 있었다
나 그대를 잊었다고 잊겠다고 다짐했으나
기어코 잊지 못해 가슴에 남겼다
이 마음이 걷잡을 수 없게 커질 때면
나를 부수지 못해 나를 부수어내고
사랑하기엔 너무 모자라고 부족해서

한없이

좌판에 늘어놓은 작은 액세서리 전부를 눈에 담고
네게 어울리지 않을까 하고 생각하는 거야

꽃가게를 지나치면서 다시 되돌아와서
장미 한 송이를 사다가 살짝 향을 맡아보는 거야

그리고 네가 좋아하는 시나몬라떼를 주문하고
함께 듣던 노래를 흥얼거리며 기다릴 거야

한없이

지옥

너도 네 지옥으로 돌아갈 테고
나도 내 지옥으로 돌아갈 텐데
우리가 되어 천국을 꿈꾼 것은
과한 욕심이었다

대가

이 삶이 무미건조하여 삭막하다고 느껴질 때
한 줌 사랑을 갈음하고 얼마나 큰 대가를 치렀나
한 톨 관심을 구걸하여 얼마나 동정받았나
바라건대, 완성되어 그 모든 것들이 사라지길

죄와 벌

깔아뭉개진 아틀라스
주저앉은 시시포스
찢겨나간 프로메테우스
그래, 사랑만이 전부라고
내가 기억할게
그딴 게 가능할 리가 없지 않나
알고 있잖아

파괴

눈앞의 펜을 쥐어 부수고 공책을 잡아 뜯어 찢고
책상을 뒤집어엎어 사정없이 밟아 부수고
책장의 책을 다 쏟아내어 촛대로 찔러 불사르면
네가 잊혀질까. 내 모든 것 부수고 파괴해야만
네가 잊혀질까. 기어코 나마저 파괴해야만
네가 잊혀질까. 너를 결국 부숴내야만
나는 잊혀질까.

독

가장 치명적인 독은 고통이나 아픔을 주지 않아
천천히 길들이듯 작은 행복부터 시작하지

사소하게 작은 기쁨을 선물할 거야

작은 기쁨이 차곡히 쌓여서 점점 무뎌지면
그보다 약간 큰 기쁨을 주겠지

그렇게 점점 덩치를 키워나간 다음에는
정말 가볍게, 네 목을 죄여올 거야

목이 죄여오는 기쁨에 웃음 짓고
저항 따위는 잊은 듯 발정하겠지

그렇게 죽어갈 거야
천천히 행복하게

안 타는 쓰레기

어쩌면 나는 일회용일지도
간단하게 한 번 뜯어 쓰고 버리면 만족스러운 정도
한 번 쓰고, 두 번 쓰고 계속 쓰다 보면 불쾌해지는
딱 그 정도의 사람밖에 안 될지도

담배꽁초

어쩌면 나는 담배꽁초일 게다

옅게 립스틱 자국이 남은 구겨진 꽁초
잠깐이나마 어떤 해소의 수단이 되었고
지금은 축축한 하수구에 처박혀
썩은 진물을 흘려가며 죽어가는 게야

내 안의 무언가를 이미 태워 흘려보냈다면
그리고 그게 누군가에게 남아있다면
그걸로 만족하는 담배꽁초일 게다

찌꺼기

휘발하고 남은 찌꺼기는
끈적하거나, 더럽거나
정말 사라졌으면 하는 것은
늘 그렇게 남아있다

타임캡슐

그대는 나를 잊었기를
밤하늘의 별빛에 빌었다
쉬운 소통의 시대였으나
내 마음 몇 글자는
보내지지 못해
가슴에 묻었다
그대가 내게 부탁한
"잊어달라" 한마디조차 잊지 못해

시선

마주치고,

닿을 때마다,

얽혀 들 때,

한가득 담긴,

나긋이 쳐다보는,

원망을 쏟아 내는,

결국 외면할 때,

또 그리고 닿는 곳마다 네가 있을 때

편지

어느 날 펼쳐본 다이어리에는
그대가 태양 같다 하였다
낯 뜨거운 글줄을 휘갈겨 놓은
손바닥만 한 수첩에는
언젠가 전하겠다 다짐하였으나
전하지 못한 글줄이 아직도 여전하다
그대는 그렇게 해 질 녘 노을처럼 다가와
나의 뒤에 길게 그림자를 늘어놓았다

깊어지다

넌 무섭다고 했었지
너무 깊어 아득한 기분이 들 때면

난 네게 거짓말을 했어
네가 깊어질 때 나도 같이 가노라고

근데 지금은 네가 어딨는지 모를 정도로
나는 깊게도 내려와 버린 거야

지금껏

어항이 가두고만 있는 줄 알았는데
쏟아져서야 알았어
자유의 구속은 너무 벅차
구해줘 나를 다시 잠기게 해줘
잠겨있어야 행복할 수 있었다는걸

끄트머리

쉽게 뜯어버린 일회용 소스의 끄트머리처럼
내 기억 속에 너는 잊히길 바란다
모든 지나간 것들에 의미가 있진 않으니
쉬이 잊힐 사람이었으면 한다

옥탑방 고장 난 에어컨이 덜덜거리며
더운 날에 그나마 찬 기운이 감도는
방바닥에 등을 붙이고 누워 생각한다

좋은 기억도, 나쁜 기억도
쉬이 잊혀 사라지면
마음이 무게를 덜어내리라

공백

백번 적어봐야 그대 이름이오
백번 읊어봐야 그대 그리움이오
백번 돌아봐야 그대 뒷모습이오
백번 그려봐야 그댄 없소

그늘 아래에서

토악질

게워내야지, 게워내어야지
수백 번 토악질해도
가라앉지 않는 울렁임은
어떻게든 게워내야지

연말

크리스마스, 그리고 신년의 거리는 반짝인다
홀린 듯 사랑을 속삭이는 사람들을 보노라면
어딘가 내 연도 닿아 있으리라 기대하게 된다

달뜨지 마
이 거리에 너를 위해 빛내는 건 단 하나도 없어
그 곯은 마음으로 거리를 더럽히지 마
넌 성냥팔이소녀가 아냐
여긴 동화 속 아름다운 죽음 같은 것 따위는 없어
죽어, 곯은 마음 너 혼자 부여잡고 죽어버려

늪

우울의 늪이라고 하지?
질척이고, 발버둥 칠수록 빠져드는
내 우울함은 그것보단 괜찮아
단지 그냥 일상이니까

질척이고 끈적이지 않아,
단지 내 주위를 빙글빙글 돌며
살랑이는 봄바람처럼 있어

발버둥 쳐도 빠져들지 않아,
단지 내 세계는 마시고 내쉬는
그 모든 것들이 우울에 잠겨 있어

그냥, 잠겨 살아왔기에

불안감

내 안의 괴물은
꽤 덩치가 큰가 봐
이렇게 어지러울 정도로
흔들리는 걸 보면

깊어진다

깊어지는 우울감
끝이 보이지 않는 깊음은
두려움 혹은 경외

이 우주가 깊은 만큼
깊어지는 만큼
그만큼 아득하다면
어떻게 벗어나야 하나

허전함

탄생은 축복보다는 저주에 가깝다
채울 수 없는 욕망을 끝없이 갈구하며
채워지지 않는 그 빈자리에 끝없이 고통받는다

이 공허함이,
이 허전함이
숙명이라면
그 보이지 않는 어둠이 나를 삼킬 때
내게 축복을 향해 걸어갈 용기가 있기를

기다리는

죽음이 이 모든 것을 끝맺어 준다면
난 다소곳이 앉아 기다릴 뿐이야
용감하게 끝을 마주할 자신도 없고
여기서 버틸 자신도 없는 거야

의도치 않은

어쩌면 내 삶은 실수일 것 같아
존재가 의도치 않은 실수
이토록 내팽개쳐져서 널브러져 있는데
내게 준비된 자리가 있으리라 기대했던
어린 시절의 희망

성찰

우울한 하루들이 쌓여서 또 우울한 내일이 되겠지
내가 뭘 잘못해서 우울한가
스스로 성찰하면 모든 게 잘못된 것 같아

언젠가 나를 지켜보던 나는
나의 초라함에 나를 혐오하고 있어
무거운 마음이 무거워서 가라앉는 거라면
내가 정말 마음 쏟은 것들은 저 위에 있는지

나를 잡아 주고 있던 몇몇은 내가 놔 버렸어
그들이 여기까지 오게 할 수는 없어서
잃은 것들을, 정정하자. 가진 적 없던 것들을
가지기 위해서 위로 도약해 보면 알 수 있는 건
여기는 발판이 되어 줄 수 있는 게 없다는 사실만 남고
나는 뛰어내리는 나를 다시 또 혐오해서

부서진 나를 보며 비웃고
비웃는 나를 비웃고
비웃는 나를 보며 비웃고
비웃는 나를 보며 비웃는 나를 보며 비웃고…

돌아보면

나는 틀려있어
다른 사람과의 비교가 무색할 정도로
비틀리고 꼬인 나의 속은 이미 부패해서
악취를 뿜으며 나 역시 나를 혐오하는데

돌아보면,

여기까지 나를 비꼬아둔 모든 사람들은
잘만 지내고 있는 것 같아
그들을 저주하고 원망하고
비수를 내게 꽂으며
그들을 저주하고 원망하고
내 심장 산산이 찢어내며
그들을 저주하고 원망하고…

갇히다

쇠창살, 철제 펜스, 높은 담벼락
나를 진정으로 가두는 것은 그 단단한 것들이 아니었다
내가 나를 지키기 위해 두른 견고한 갑옷

나의 마음이 문드러지고 썩어도
모양만은 갖춰주던 절대적인 갑옷 속에서
아, 내가 나에게 갇혔고 내가 나를 가뒀다

누구도 나를 해할 수 없는 방호 속에서
나는 나를 지켰고 또 나를 해했다

그 철의 소녀 안에서
피눈물을 흘리며

어디에도

내 비루한 몸뚱어리 하나 뉘일 곳이 없소
마음이 놓이는 곳이 있는 것도 아니오

작금 이 땅은 전부 값어치 매겨져서
내 저렴한 이 고깃덩이 놓아둘 곳이 없소

나에게 아가리만이 남아 값없는 무의미만 주절거리오

누군가 내게 묻는다면,

뉘일 곳 없어 떠돌고
어디에도 존재할 자격 없어 떠돈다 하겠소

너의 빈 공간

지하철이 덜컹이는 소음이 들리고
가득 찬 열차 안의 숨 막힐 듯 고요한 시선
어쩌다 난 자리에 내 몸뚱이 끼워 넣어 보려는
비열한 행동에 몸서리친다
이토록 저열하게 살아온 삶에
어떤 영광이 있으랴
사랑하라 천박하고 게으른 삶일지라도

재래시장

나는 대형마트, 편의점을 좋아한다

혼자서 가더라도
아무도 말 걸지 않고
아무도 신경 쓰지 않는다

모든 필요한 것들
가운데
가장 필요 없는 것

그래서 나는 재래시장이 두렵다

삶의 치열함이 빛남에
그림자 같은 나를 잃을 것만 같아서

친근하게 말을 걸어주는 순간
나는 나를 잊어버릴 것만 같아서

물감

어린 나의 빠레트는
꼭 그래야만 한다는 듯
빨주노초파남보
무지갯빛 순서대로 놓인 물감 조각들이
손톱만큼 놓여있었고

일곱 색으로 만족하지 못한 나는
빠레트의 넓은 면에서 물감을 섞었어
빨강, 파랑, 노랑, 초록
섞을수록 물감은 빛을 잃어갔고
결국 남은 건 검은색이 아닌 묵빛 무언가

산다는 건 그래, 나의 색깔과 남의 색깔을
섞고 뒤섞어 모두가 같은 색이 되어가는 과정

벽

바퀴벌레 날갯짓 소리
옆집 포르노 소리
역류하는 하수구 냄새
자려고 누운 침대 머리맡 모기 소리
끈적한 장판
누렇게 눌어붙은 변기통
습기 찬 공기
늘어진 민소매 티

무엇보다 견딜 수 없었던 건
열정의 거세
꿈의 단절
넘을 수 없는 벽
그 벽에 다가가서 머리를 박았던 일

표류

영원히 망망대해를 떠도는 빈 조각배처럼
둥실, 둥실 너울지는 파도에
그저 휩쓸릴 뿐이었다

이따금 지나가는
돌고래와 인사하고
매일 지나가는
별자리를 동경하며

가끔 들렀던 선술집의
왁자지껄한 소소한
걱정들을 그리워하며

도태된 이들의 사랑

너무 가난한 사랑은 사랑이 아니다
표현하지 못한 사랑은
드러내지 못한 사랑은
비루한 사랑타령은 그저 비루할 뿐인 것을
도태된 이들의 사랑은 기준 미달이었다고
물려받은 가난은 더 이상 물려줄 수도 없었다

옥탑팔자

서울의 반지하 골방에 잠기어
꿈을 노래하던 내 친우는 죽었소
흰 셔츠 검은 바지 광낸 구두 신고
강남의 저어 커다란 네모난 관에 들어가
죽었으나 죽지 못한 삶을 살고 있소
하오나 나는 그들에게 죽은 삶을 살고 있소
나는 여전히 저 별 가까운 옥탑에 살며
별 바라며 사는 것이 내 팔자려니 하오

무례함

삶은 너무 무례하다
불현듯 내게 닥쳐서는
기어코 감당하게 하고
가끔 버겁게도 하고
또 괜찮을 듯 청량하기도
그렇게 둥실 떠다니다가도
그러다 무저갱에 처박고

pH7

요새 딱히 우울하지도 행복하지도 않아
딱 pH7 정도의 그런 기분이야
삶이 잔잔하냐고 묻는다면
아니야 적당히 출렁이고 있어
참 적당한 삶이라고, 그래

이기적

하늘이 내려앉고
비가 억수로 몰아친다
우산 아래 몸을 맡기고
쏟아지는 물줄기를
저열하게도 작은 몸뚱이 하나를
젖지 않으려 애쓴다
공원에 화사하게 피어 꽃 내음 뿌리던 수국도
산책할 때 들러붙어 간식 하나 얻어 가던 고양이도
모두 쏟아지는 하늘에 바들댈 터인데
나는 우산에 맡기고
빗소리에 발소리를 숨기고
끝없이 안식처를 찾아 나선다

기록

남기려는 것이 남겨지지 않을까 봐
꾹꾹 눌러 담았는데
정말 남기고 싶었는데
소중한 감정이었는데
지금 들춰보니 썩 상해있어
내 속을 곪게 해서 버렸어

장사치

자자, 골라보시오 무엇이든 쌉니다
거기 문제집은 고시원 고독사한 20대 청년 것이오
유모차는 좀 비쌉디다. 포장도 안 뜯었어요
아 거기 반지 한 쌍은 조금 그을었어요. 내 닦아드리리다
거기 학생 가방 한 무더기는 좀 젖어서 말리고 있어요
뭐? 이런 걸 왜 팔고 있냐고?
그게 무에 중하요? 이게 다 돈인데
그러지 말고 물건이나 보시오
거 물건 싸게 구해 좋고 난 돈 벌어 좋고
이리 좋은 일을 왜 마다합니까?

그늘 속에서 피어난 것들

빗소리

무서운 소리였어, 지붕에 투닥이는 빗소리가
아무 의미 없는 끊임없는 도전의 소리 같아서
내가 세상에 내지르는 헛주먹질 소리 같아서

저 빗물이, 저 빗소리가
지붕을 결코 넘을 수 없다는 걸
알고 있어서 더 무서웠던 거야

그러다가 지붕에서 새어 나온 빗물이
백열전구 옆으로 새어 떨어진 물방울에
이마를 맞고 눈을 떴어

빗물 받을 바가지를 가져다 놓으며 기뻤어
물먹어 울어난 장판을 닦으며 다행이다 싶었어

강아지풀

길가 보도블록 사이로 자란 강아지풀을 물끄러미 쳐다본다

타이어 갈린 먼지로 쌓인
한 줌 흙에 간신히 뿌리내려 위태롭게 휘청인다
얕은 바람에도 쉽게 흔들리는 줄기는
악착같이 바닥을 붙잡고 버텨내는 것이다

괜한 질투심이 들어 움켜쥐고 뽑아내려 했더니
꽤 단단히도 박혀 있었다
한 번에 쑥, 하고 뽑아내니
그 사이 한 줌 흙을 기어코 그러안고 뽑혔다

그래, 이 하찮은 것. 네가 뭐라고

강아지풀은 그 얼마 되지 않는 먼지 덩어리를
전부인 양 계속 끌어안고 있었다

왜 저 한 줌 먼지 덩어리를 저토록 깊게 얽혀 놨을까
문득 부끄러워져 풀떼기를 내팽개친다
다시 돌아와 구석진 곳을 손톱으로 긁어내어 심어놓고
한 줌 양심에 다시 조금씩 뿌리를 내린다

서른 살

서른 번의 다시 쓰기,

서른 번의 고뇌,

서른 번의 후회,

서른 번의 자학,

서른 번의 원망,

서른 번의

이별

용서

누군가에게 언어로 된 비수로 찔린다면,
그냥 눈을 감고
아무 말도 하지 않고
뒤돌아서서

네 일상을 살다 보면
어느새 작아져 있는 비수를 보게 될 거야

그때 그 비수를 털어내고
찌른 사람에게 다가가 웃으며 안아주렴

하지만 잊지는 말아야 해
그 사람은 너를 찔렀고, 아프게 했던 사람이란걸

낙서

삶이라는 벽돌을 쌓아가다 보면
차곡히 쌓이는 낙서들

정성 들여 또박또박 적어두기도 하고
성의 없이 휘갈겨 적어두기도 하고
긁어내어 지우지 못하는 낙서도 있고

삶이라는 장대한 벽 위 그려질
낙서는
누군가에게는 추억
누군가에게는 그리움
누군가에게는 트라우마

노력

개미가 쌓아 올린 모래알이
백 개, 천 개가 되어도 발길질 한 번에 무너지고
만 개, 수십만 개가 되어도 빗줄기에 흘러갈 텐데
또다시 쌓아 올릴 이유라야 희망뿐이 아니겠어

매일

초라하게 쌓아 올린 고운 알갱이의 매일
차곡차곡 쌓아 올리지 못해 들이부어 쌓인 모래성
한 줌 긁어 내었더니 바스러져 무너지는 모래무덤
매일을 그렇게 살았다
한 톨 쌓고 한 줌 긁어 내고

범법

둥글게 말린 생각은 둥글고
네모나게 접힌 상식은 모져서
상식과 생각이 만날 때는 항상 덜컹이고
부러진 무엇은 계몽 혹은 아집으로 남아서

별 바라

진창에 누워 하늘을 바라

진득한 악의와 절망이
흘러 고이는 그 진창에 누워
별 바라며 살아

어두운 것들은 진창에 모여
희미한 불빛을 등대 삼아 모여
잠겨 죽을지언정
별 바라며 살아

1×1

난 가끔 내가 이 작은 레고 블록 같아
한 칸짜리 네모 각진 얇은 블록

분명 내게도 끼워질
요철이 있었겠지만
오랜 시간 씹혀
망가진 내 틀은
누군가에게 맞춰지지도, 맞추지도 않아

망가진 레고 블록처럼
버려져 누군가의 발바닥에 깊은
아픔만 남기는 것처럼
아픔만 품은 독

용도불명

몇 번이나 글을 쓰려
펜을 쥐었다 놨다를 반복했다

쓰이지 못할 글이라면
쓰이지 않게 두는 것이
가장 아름다운 것이 아닐까

펜을 내려놓았다
써지지 않은 글은 무의미하다

내 삶도 그렇게 써진 걸까
써지지 못할 삶이라면
쓰이지 않게 두었어야 했을 텐데

읽히지 않기 위해 쓰인 글은 무의미한 걸까

버려진 모든 것

버려진 것들을 모두 사랑하고자 다짐했던 날이 있었다
내 모든 것들이 버려진 것만 같이 느껴지던 날
내가 나를 사랑하지 못해
버려진 모든 것들을 사랑하고자 다짐했다
하나씩 하나씩 내 품속에 담고 나면
남은 것은 결국 나 자신일 거라고
버려진 모든 것들을 사랑하고자 했다

유리상자

존재감이 뿌옇게 흐려지는 기분
천천히 말라 죽어가고 있어
이 모든 게 끝이 난다면
그제야 피 토하며 성토하려면
토해낼 피조차 말라있다면
비틀어진 성대를 긁어 비명 지르고
꺾인 손끝을 간절히 내밀어도
존재하지 못한다면
기억되지 못한다면

원죄

가난은 어떤 욕망의 거세로 귀결된다
배고픔, 성욕, 염치
절제와 인내가 미덕인
이곳에서는
참을 수 없는 부족함에 허덕이며
도태되어 감을 겸허히 받아들이고
순종하는 것만이 착한 사람이 되는
나는 죄인이다

가로등

하루 종일 고개를 푹 숙이고
어두워져서야 거기 있었구나 알게 된다

세상에 소외되고 길 잃은 자
어두워 두렵고 슬픈 자
그들을 위해 고개 숙인 성자여

슈뢰딩거의 고양이

가서 전해라, 나는 살아있다고

지나간다

침잠하여 고요히 흐르는 시간
무거움의 존재,
존재의 의미

모든 하찮은 감정은
시간에 묻혀가고
내 시간은 까맣게 뭉쳐져 굴러,

그렇게
지나간다

알면서 모르는 척

기울어진 바닥을 간신히 버텨 서서
굴러가는 것들을 비웃으며 살았다
비뚤어진 세상에 태어나
그게 당연한 거라 알고 살며

아니, 당연한 게 아닌 걸 알았다
알고 있었지만 버티고 서있는 게 내 능력인 줄 알았다

어느 날 자빠져 구르며
끈질기게 붙어 있는 그들을 보며
저들도 알면서 모르는 척, 보이지 않는 것처럼
나를 비웃고 있겠구나, 싶었다

산책

1.

너무 자극적인 글이고 싶지 않아서 오늘은 펜을 옅게 잡았다. 걸치듯 펜에 얹어진 손가락들은 그 어떤 단어도 적지 않겠다는 듯 늘어져 있었고, 선풍기 머리는 좌우로 돌아보며 선선한 바람을 뿌렸다. 머리칼을 부드럽게 스며드는 바람결은 어떤 강박증을 조금씩 풀어헤쳤다.

2.

이 글은 그렇게 적히기 시작했고, 끝이라는 목적을 가지고서 쓰인 글이 아니어서 언제까지고 이 글이 적힐지는 모르겠다. 종종 이런 글을 쓰고는 한다. 대부분은 쓰레기통에 들어가 그 흔적을 지우지만 어쩌겠는가. 기억되지 못한 것은 모두 쓰레기일 뿐인 것을..

3.

펜 끝이 드디어 뉘여져 결국 이 글은 끝을 맺게 된다.
어떤 의미를 담으려 쓰지도 않았고 그저 적히는 대로 적힌 글일 뿐이다. 이 글은 거기에 의미가 있고 동시에 아무 의미 없다.

4.

꽤 괜찮은 산책이었다.

자서전

그는 죽어야지 하며 살았다
별달리 남과 특별히 다를 것 없이 살며
무엇이 그렇게 그를 괴롭게 했는진
그만이 알고 있었을 것이다

타성에 젖어 삶을 지연해가며
자신을 살려내며 살았다
그렇게 스스로를 구원한 것은
결국엔 그였다

그늘

세상이 이렇게 다채롭게 빛나니까
나 하나 정도는 그늘져도 괜찮아

깊어짐

이 밤이 깊어지는 만큼
생각도 깊어진다면

해가 뜨는 것처럼
내게도 빛이 오기를

가난

가난이 별건가.
어린 시절, 못된 놈 한번 쥐어박고 싶어도
혹시 얼마 물어줘야 할까 저어되고,
옷 한 벌 사려면 무장 고민해대고

지금은 절벽 위에서 삐끗하면
도리 없이 떨어져 콱 죽어버릴 것 같은
불안감, 위기감, 초조함

그리고

가난에 발이 묶여
내 새끼가 절벽에서 비틀댈까,
눌러앉아 바들바들 떨지는 않을까,
스스로를 저주하게 되는

여럿 힘들게 한다
빌어먹을, 별스런 가난

동화

완성된 문장과 문장 사이에 격리된 이야기
완벽한 동화 속에 숨겨진 비화
꿈이나 희망 따위를 태우는 성냥팔이소녀
버려진 늙은 개 파트라셰, 아! 파트라슈
담장 너머 탐스러운 과실은 영원히 닿을 수 없었다
배 갈라진 거위의 눈물, 혹은 백조거나

경사(經死)

가볍게 죽고 싶은 소망이 있어요
누군가에게 충격적이지도, 슬프지도 않게
그저 길가에 놓인 눈덩이처럼
조용히 사라져서
존재하지 않았던 것마냥
조용히 사그라지고 싶어요
충분히 조용하고 작은 사람이지만
조금 더 노력해보려고 해요
과한 감정 주지 않고
과한 관심 받지 않으며

이타

사유의 부재

고찰이 무너진 밤

미륵의 시선으로

바라밀다, 바라밀다

깊은 혐오

대자대비

생각의 연장

의심의 지평선

깊게, 더 깊게

비물질적 고행

묵언, 묵시

오롯함

도덕심의 해체

올바름

다시, 그릇됨

수행

이기심의 총집합은 이타심이었다

종결

내가 너에게 사랑도 줬고 관심도 줬으니
네게 후회를 주는 것도 나여야지

네가 사소히 지나친 모든 배려들이
뒤돌아 네 등을 난도질하기를

네가 무심코 지나친 모든 고민들이
네 심장에 뿌리내려 조각내기를

내가 너에게 내줬던 모든 것들이
너의 모든 것이 되어 종결하기를

서투름

항상 서툴렀다
내가 좋아하려 애쓴 모든 것들에서 서툴렀다
아니, 인생의 대부분을 서투르게 살았다
넘어지고, 깨지고, 부서지고, 좌절하고, 시기하고
걱정하고, 의심하고, 망설이고, 겁내고, 불안하고
수없이 비틀거리고 흔들리며 살았다
그렇게 자전거 타는 것도, 잠수하는 것도
에스컬레이터에 한 발짝 내딛는 방법도
하고 싶지 않은 일을 해야만 했던 일도
사랑하는 사람에게 사랑을 온전히 전하는 일도
모든 일이 그렇게 서툴렀다
허나 서투르다 해서 내딛지 못했다면
자전거도, 물도, 에스컬레이터도
성취도, 사랑도 닿지 못했겠다
나는 서투름을 사랑한다

쓰다

요즘 열심히 글을 씁니다

어쩌면 습관이겠지요
어쩌면 비관이겠습니다

글줄 적어 내리는 손끝은
무척 소란스러움이 가득합니다
그래서 가볍지만은 않은 글이 되었습니다

이 8평 옥탑방은 조용하지만 요란합니다
터질 듯 백만 감정이 쏟아지다가도
언제 그랬냐는 듯 텅 비어버리고 맙니다

어쩌면, 정말로 어쩌면
사랑일지도 모르겠습니다

요즘 글이 씁니다

온실

온실에 피는 화초라 하더이다

글쎄, 제 보기엔 온실에 잘못 핀 겨울 야생화 같아 보이더구 먼요. 영 만날 취한 듯 매가리 없는 꼴이 영 가련합니다

보소, 잘난 집 잘난 아비 밑에서 부족함 하나 없이 크며 얼마 나 당차것소. 그 집 사정이야 모르는 게 아니지요

그 어리고 예쁜 것이 세상 물정 하나 모르고 사는 게 누구 탓할 게 아니오. 피울 자리 잘못 타고 태어난 제 팔자지. 댁처럼 향에 취해서 주변 언저리에 어슬렁거리는 짐승 놈들도 많소

아시것소? 아직 그 짐승들이 눈치만 살피는 이유를? 거긴 사지요. 한 발짝, 두 발짝 다가서다 어느새 그 갈증 많은 꽃이 먹어치워 버릴 겁니다

내 당신 사정은 알 바 아니나, 산 사람은 살려야지

상례

거울을 마주한다
적당히 자리 잡은 이목구비,
잘생겼다 하기엔 부족한 범인의 얼굴
사람이라 하기에도 맥없이 풀린
그래, 나는 장의사고, 거울 속의 시체를 바라보고 있다

어쩌면 좀 더 숭고하게 망자를 인도할 수 있을까
끝없이 나를 염습하는 일
이미 죽어버린 나를 닦고 또 수의를 입히고
적당한 묏자리에 나를 운구하는 일

지나쳐 가는 문상객에게 감사인사를 전하고
슬퍼하는 얼굴을 마주하고
나의 영정을 비웃으며
그저, 살아가는 일

시골

대청마루에 팔다리 쭉 뻗고 누워있노라면
산들바람 코끝을 스치며
풀내음 살랑이는데
부귀가 무슨 소용이랴
영화가 어떤 쓸모랴

할머니 썰어주신 수박이 금덩이고
할아버지 오시는 길에 재어오신
고기 한 근이 벼슬이랴
은혜에 감사로울 따름이렷다

불용판정폐품

버려진 물티슈처럼 조용히 말라 의미를 잃고 싶어요
녹슬어 아마 나 버린 나사처럼 어느 순간 끊어지듯
하수구에서 물에 불어 터진 담배필터처럼
유용하지 못해 버려지는 것처럼
어쩌면 제가 가진 소중하다고 생각하는 것도
무용하다면 의미를 잃었다는 거겠죠

흐드러진 봄

개나리 흐드러지게 핀다
개나리 흐드러진다
갈 길 가소
꽃내음 좀 즐기다 가리다
내 걱정일랑 무언 소용이것소
개나리 활짝 피어 보기만 좋으네

항해

밤바다 너울 치는 외로운 자
나침반과 지도 같은 형편 좋은 소리
별 한 줌 부여잡고 떠나는 여행
별빛 부서지는 바다 위에서
야속한 먹구름 사이
간절한 별부름

숲속 나무들에게

애처롭게 앙상하던 어린나무도 언젠가는
아름드리 거목으로 자라나서 굳건해진다
단지 시간이 흘러 자리한 거목은 없다

세찬 태풍에 겨우 버티고 서서 더 깊게 뿌리를 뻗고
매서운 추위에 껍질을 두텁게 싸매고
몇 없던 이파리도 결국엔 버려내야
다시 풍성한 이파리를 맺기에

시간이 지나서 당연한 일이 아니라
바람에 뿌리를 뻗고 추위에 껍질을 두텁게 둘러
조금씩, 조금씩 너를 네가 키워 갔기에

역설; $T^{-1} \neq F$

기억하시외까?
언젠가 나는 나를 죽였소
나를 죽인 나를 죽였고 그 또한 나를 죽였소
공집합의 여집합은 전체 집합이오? 공집합이오?
참의 역은 거짓이 아니오
요컨대 진실로 무겁게 뱉은 말이 없소
진실로 진실되게 대한 자가 없었소
멍청하게 뱉은 담배 연기가 두 눈을 찔렀을 뿐이오